BEI GRIN MACHT SICH IHR WISSEN BEZAHLT

- Wir veröffentlichen Ihre Hausarbeit, Bachelor- und Masterarbeit

- Ihr eigenes eBook und Buch - weltweit in allen wichtigen Shops

- Verdienen Sie an jedem Verkauf

Jetzt bei www.GRIN.com hochladen und kostenlos publizieren

Stella Baumler

Die Objektivität der Leistungsmessung im Sportunterricht

GRIN Verlag

Bibliografische Information der Deutschen Nationalbibliothek:

Die Deutsche Bibliothek verzeichnet diese Publikation in der Deutschen National-
bibliografie; detaillierte bibliografische Daten sind im Internet über http://dnb.d-
nb.de/ abrufbar.

Dieses Werk sowie alle darin enthaltenen einzelnen Beiträge und Abbildungen
sind urheberrechtlich geschützt. Jede Verwertung, die nicht ausdrücklich vom
Urheberrechtsschutz zugelassen ist, bedarf der vorherigen Zustimmung des Verla-
ges. Das gilt insbesondere für Vervielfältigungen, Bearbeitungen, Übersetzungen,
Mikroverfilmungen, Auswertungen durch Datenbanken und für die Einspeicherung
und Verarbeitung in elektronische Systeme. Alle Rechte, auch die des auszugsweisen
Nachdrucks, der fotomechanischen Wiedergabe (einschließlich Mikrokopie) sowie
der Auswertung durch Datenbanken oder ähnliche Einrichtungen, vorbehalten.

Impressum:

Copyright © 2013 GRIN Verlag GmbH
Druck und Bindung: Books on Demand GmbH, Norderstedt Germany
ISBN: 978-3-656-57561-0

GRIN - Your knowledge has value

Der GRIN Verlag publiziert seit 1998 wissenschaftliche Arbeiten von Studenten, Hochschullehrern und anderen Akademikern als eBook und gedrucktes Buch. Die Verlagswebsite www.grin.com ist die ideale Plattform zur Veröffentlichung von Hausarbeiten, Abschlussarbeiten, wissenschaftlichen Aufsätzen, Dissertationen und Fachbüchern.

Besuchen Sie uns im Internet:

http://www.grin.com/

http://www.facebook.com/grincom

http://www.twitter.com/grin_com

Institut für Erziehungswissenschaft und Psychologie

Abteilung Pädagogik

Lernleistungen auswerten und Beurteilen

WS 2012/2013

Die Objektivität der Leistungsmessung

im Sportunterricht

Studienabschluss: 1. Staatsexamen (Lehramt neu)

1. HF: Sport (3. Semester)

2. HF: Englisch (3. Semester)

1   Definition des Gegenstandsbereichs

Wie jede Messung muss auch die schulische Leistungsmessung bestimmten Anforderungen - den sogenannten Testgütekriterien - genügen (Sacher 2001, S. 33ff). Es gibt drei Hauptgütekriterien: Die Objektivität, die Reliabilität und die Validität (Lienert 1998, S. 7). Das heißt, dass wenn die Ergebnisse einer schulischen Leistungsmessung sinnvoll verwertbar sein sollen, dann sollte die Messung sowohl objektiv, als auch reliabel und valide sein (Sacher 2001, S. 36). Im Folgenden soll der Fokus auf das Gütekriterum der Objektivität gelenkt werden. Unter Objektivität versteht Lienert „den Grad, in dem die Ergebnisse eines Test unabhängig vom Untersucher sind" (Volkamer 1979, S. 28 vgl. Lienert 1967, S. 13). Das bedeutet für die Leistungsmessung in der Schule, dass diese nur dann objektiv ist, wenn auch andere Lehrer auf das selbe Ergebnis bzw. auf die selbe Bewertung kommen würden (Volkamer 1979, S. 28). Es wird in drei Unterformen der Objektivität unterschieden (Lienert 1998, S. 8f). Die Durchführungsobjektivität „betrifft den Grad der Unabhängigkeit der Testergebnisse von zufälligen oder systematischen Verhaltensvariationen des Untersuchers während der Testdurchführung" (Lienert 1998, S. 8). Bei der Durchführungsobjektivität stellt sich also die Grundfrage ob andere Lehrer die Prüfung genauso gestalten würden. (Sacher 2001, S. 36). Die Auswertungsobjektivität „betrifft die numerische und kategoriale Auswertung des registrierten Testverhaltens nach vorgegebenen Regeln" (Lienert 1998, S. 8). Auf die schulische Leistungsmessung übertragen stellt sich also die Frage, ob andere Lehrkräfte die vom Schüler erbrachte Leistung nach dem selben Schema bzw. nach den selben Regeln auswerten würden (Sacher 2001, S. 36). Die dritte Unterform der Objektivität ist die Interpretationsobjektivität. Sie „betrifft den Grad der Unabhängigkeit der Interpretation von der Person des Interpretierenden" (Lienert 1998, S. 8). Grundfrage ist hierbei, ob andere Lehrkräfte die Leistung des Schülers gleich interpretieren würden bzw. ob sie zur selben Note gelangen würden (Sacher 2001, S. 36).

In der folgenden Ausarbeitung soll untersucht werden inwieweit die Leistungsmessung speziell im Sportunterricht das Kriterium der Objektivität erfüll

2 Die Objektivität der Leistungsmessung im Sportunterricht

Die Höhe der Objektivität der Leistungsmessung im Sportunterricht ist abhängig von der Sportart (Volkamer 1979, S. 28). Das heißt, es gibt Sportarten, bei denen eine nahezu vollständige Objektivität erreicht werden kann, es gibt allerdings auch Sportarten, bei denen es sehr schwierig ist, die Leistungen der Schüler möglichst objektiv zu bewerten. Im Folgenden soll deshalb zwischen Sportarten, deren Leistungen Produktcharakter haben, Sportarten, deren Leistungen Prozesscharakter haben, und den Sportspielen unterschieden werden.

Unter Sportarten, deren Leistungen Produktcharakter haben, versteht man Sportarten deren Leistungen nach quantitativen Merkmalen bewertet werden (Volkamer 1979, S. 29). Hierzu zählen zum Beispiel das Kegeln oder das Schießen. Bei der Leistungsmessung in solchen Sportarten ist die Auswertungsobjektivität sehr hoch. „Beim Kegeln lässt sich eindeutig feststellen, ob ein Kegel gefallen ist oder nicht; beim Schießen gibt es kaum eine Frage ob (oder wie oft) der Schütze getroffen hat" (Volkamer 1979, S. 29). Durch vorgegebene Spielregeln und Notentabellen kann außerdem von einer hohen Durchführungs- und Interpretationsobjektivität ausgegangen werden (Volkamer 1979, S. 29f).

Zu den Sportarten, deren Leistungen Produktcharakter haben, zählen außerdem die sogenannten C-G-S-Sportarten (C-G-S = centimeter-gramm-second), deren Leistungen in Zentimetern, Gramm oder Sekunden gemessen werden. Beispiele hierfür wären der 100-m Lauf, der Weitsprung oder das Kugelstoßen. Im Sportunterricht kommt es hierbei „häufig zu völlig falschen Messwerten, weil das Maßband an der falschen Stelle angelegt oder die Stoppuhr im falschen Zeitpunkt gedrückt wird" (Volkamer 1979, S. 29). Dies führt dazu, dass die Auswertungsobjektivität bei C-G-S-Sportarten oft nicht mehr vollständig ist (Volkamer 1979, S. 28f). Durch vorgegebene Wettkampfregeln und Notentabellen können Leistungsmessungen allerdings auch hier sehr objektiv durchgeführt und interpretiert werden. „Wesentlich geringer ist die Objektivität der Leistungsmessung in denjenigen Sportarten, deren Leistungen (...) Prozesscharakter haben und nach qualitativen Merkmalen bewertet werden" (Volkamer 1979, S. 29). Zu solchen Sportarten zählen zum Beispiel Turnen, Tanzen oder die rhythmische Sportgymnastik. Eine grundsätzliche Subjektivität bei der Bewertung solcher Sportarten „kann niemals völlig ausgeschlossen werden", allerdings kann ihr Einfluss auf den Messvorgang durch bestimmte Maßnahmen verringert und die Objektivität somit gesteigert werden (Volkamer 1979, S. 29). Eine dieser Maßnahmen wäre die Hinzunahme einer bzw. mehrerer weiterer Lehrkraft für die Leistungsmessung, da man davon ausgeht,

„dass sich verschiedene subjektive Fehler gegenseitig aufheben, d.h. dass der Mittelwert [mehrerer] Wertungen der 'Wahrheit' am nächsten kommt" (Volkamer 1979, S. 29). Durch diese Maßnahme würden sowohl die Durchführungs- als auch die Auswertungs- und die Interpretationsobjektivität steigen, allerdings muss man beachten, dass es in der Schulrealität selten möglich ist mehr als zwei Lehrer für eine Leistungsmessung einzusetzen. Eine weitere Maßnahme wäre die Erarbeitung bzw. Verwendung von genauen Wertungsvorschriften, „mit denen versucht wird, wenig operationalisierbare Leistungsmerkmale wie Eleganz, Originalität, Harmonie, Übereinstimmung mit der Musik etc. möglichst detailliert zu erfassen und im Hinblick auf die Gesamtwertung zu gewichten" (Volkamer 1979, S. 29). Allerdings ist „eine Objektivität wie in den C-G-S-Sportarten" laut Volkamer trotz solcher Maßnahmen „keinesfalls erreichbar" (1979, S. 30). Volkamer weist hierbei außerdem darauf hin, dass das Problem des subjektiven Einflusses in Sportarten wie Turnen oder Tanzen selbst im Leistungssport noch nicht bzw. noch unzureichend gelöst sei (1979, S. 30).

Noch problematischer scheint eine objektive Leistungsmessung bei den Sportspielen, wie zum Beispiel beim Fußball oder beim Basketball (Volkamer 1979, S. 30ff). In den Wettkampfregeln der Sportspiele ist die Leistung der Mannschaft durch die Anzahl an Toren, Körben bzw. Punkten definiert. Eine solche quantitative Leistungsmessung könnte gut objektiv durchgeführt, ausgewertet und interpretiert werden. Allerdings „interessiert uns in der Schule nicht nur die Leistung einer Mannschaft, (...) sondern wir möchten im Hinblick auf eine Zensur wissen, was der einzelne im Spiel leistet" (Volkamer 1979, S. 31). Einzelne Schüler im Spiel zu beobachten hat was die Objektivität anbelangt zwei große Nachteile. Zum einen „hängt die Leistung des einzelnen in hohem Maße von seinen Mitspielern ab" (Volkamer 1979, S. 31). Die Wahrscheinlichkeit, dass eine andere Lehrkraft die Mannschaften anders zusammengestellt hätte, ist groß, die Durchführungsobjektivität ist dadurch gering. Auch bei der Auswertungs- und Interpretationsobjektivität zeigen sich Probleme. Vor allem die Erfassung taktischer Leistungen ist „nur sehr schwer und mit geringer Objektivität möglich" (Volkamer 1979, S. 31). Empfohlen werden Analysebogen, welche allerdings sehr zeitaufwendig sind und subjektive Fehler keinesfalls ausschließen (Volkamer 1979, S. 31). Volkamer kommt schnell zum Entschluss, dass die Leistungsmessung im taktischen Bereich eine geringe Objektivität hat (1979 , S. 31). Um zu objektiveren Messwerten zu gelangen, isolieren viele Lehrer einzelne Spielelemente. Das heißt sie lassen den einzelnen Schüler nur dribbeln oder auf den Korb werfen zum Beispiel. Die Leistung des Schülers wird nun nicht mehr durch Mitspieler beeinflusst und technische Fertigkeiten, wie beim Basketball zum Beispiel der Korbleger, können isoliert bewertet werden. Dies wirft laut Volkamer jedoch folgendes Problem auf: „Durch Summierung von Einzelteilen ist nur unzureichend die Gesamtheit des Spiels repräsentiert" (1979, S. 31). Nur weil ein Schüler alleine, ohne Gegnereinfluss, einen guten Korbleger machen kann, heißt das noch lange nicht, dass er ein guter Basketballspieler ist. Letztendlich kommt Volkamer zum Entschluss, dass im Bereich des Spielens keine Objektivität der Leistungsfeststellung möglich ist (1979, S. 31).

Es lässt sich festhalten, dass es im Schulsport sehr stark von der Sportart abhängig ist, wie objektiv eine Leistungsmessung sein kann. In Sportarten, deren Leistungen Produktcharakter haben (Schießen, Kegeln) kann eine vollständige Objektivität erreicht werden. Auch in C-G-S-Sportarten (100 m Lauf, Weitsprung) sind Leistungsmessungen weitestgehend objektiv. Weniger Objektivität wird in Sportarten, deren Leistungen qualitativ bewertet werden (Tanzen, Turnen) erreicht, während eine objektive Leistungsmessung in Sportspielen (Basketball, Fußball) unmöglich scheint.

3 Studie

Wie in Teil 2 bereits aufgezeigt, sind Leistungsmessungen im Sportunterricht oft nicht sehr objektiv. Die soll nun durch eine Studie von Volkamer weiter belegt werden. 143 Sportstudenten der Uni Münster wird ein Film gezeigt, in dem ein Student 2 Speerwürfe ausführt. Die Sportstudenten, welche bereits eine abgeschlossene Leichtathletikausbildung haben, sollen für die Bewegungsqualität der Armführung Punkte von 1-5 vergeben, wobei 5 die bestmögliche Punktzahl darstellt. Das Ergebnis sieht folgendermaßen aus:

Punkte	1	2	3	4	5
Häufigkeit	3	36	46	50	8

Tabelle 1: Bewertung der Armführung beim Speerwurf (nach Volkamer 1979, S. 43)

Alle möglichen Punktzahlen wurden vergeben, was heißt, dass der Schüler im Sportunterricht von einem Lehrer eine sehr gute Note, von einem anderen jedoch eine sehr schlechte Note bekommen hätte. Die Armführung beim Speerwurf stellt nur ein kleines Beispiel aus Volkamers Untersuchung dar. Die Studie umfasst viele ähnliche Ergebnisse, welche ebenso sehr gut verdeutlichen, dass die Leistungsmessung im Sportunterricht dem Gütekriterium der Objektivität oft nicht genügt (Volkamer 1979, S. 41ff).

4   Literatur

Lienert, Gustav. Testaufbau und Testanalyse. Psychologie Verlags Union. Weinheim, 1998. S. 7 -S. 9

Sacher, Werner. *Leistungen entwickeln, überprüfen und beurteilen*. Klinkhardt. Bad Heilbrunn, 2001. S. 33 - S. 36.

Volkamer, Meinhardt: *Messen und zensieren im Sportunterricht*. Hofmann. Schorndorf, 1979. S. 27 - S.31.